Stefan Kinne

Konzepte zur Bestimmung der unternehmensübergreifend

GRIN - Verlag für akademische Texte

Der GRIN Verlag mit Sitz in München hat sich seit der Gründung im Jahr 1998 auf die Veröffentlichung akademischer Texte spezialisiert.

Die Verlagswebseite www.grin.com ist für Studenten, Hochschullehrer und andere Akademiker die ideale Plattform, ihre Fachtexte, Studienarbeiten, Abschlussarbeiten oder Dissertationen einem breiten Publikum zu präsentieren.

Stefan Kinne

Konzepte zur Bestimmung der unternehmensübergreifenden Integration

GRIN Verlag

Bibliografische Information der Deutschen Nationalbibliothek: Die Deutsche Bibliothek
verzeichnet diese Publikation in der Deutschen Nationalbibliografie; detaillierte bibliografische Daten sind im Internet über http://dnb.d-nb.de/ abrufbar.

1. Auflage 2006
Copyright © 2006 GRIN Verlag
http://www.grin.com/
Druck und Bindung: Books on Demand GmbH, Norderstedt Germany
ISBN 978-3-638-79928-7

Kinne, Stefan

Konzepte zur Bestimmung der
unternehmensübergreifenden Integration

Projektarbeit
an der Fakultät für Wirtschaftswissenschaften
der Technischen Universität Ilmenau

Fachgebiet Informations- und Wissensmanagement

Abgabetermin: 26. 04. 2006

Abstract

In der vorliegenden Arbeit werden Ansätze zur Integration von Anwendungs-systemen aufgezeigt, wobei eine Thematisierung unternehmensinterner und unterenhmensübergreifender Integrationsansätze aus unterschiedlichen Wis-senschaftsgebieten erfolgt. Die vorgestellten Ansätze unterscheiden sich teil-weise deutlich in dem Verständnis von Integration. Bei der Integration sind nicht nur technische Aspekte zu beachten, sondern auch organisatorische Aspekte. Einige Autoren definieren in ihren Ansätzen einen Integrationsgrad. Auch dieser Integrationsgrad wird teilweise sehr unterschiedlich definiert. Die Definitionen reichen vom Grad der Leistungsfähigkeit der integrierten Syste-me bis zum Grad der Kopplung der integrierten Systeme.

Bei den heute üblichen Kooperationen und Vernetzungen zwischen den Un-ternehmen ist an einer Integration der Anwendungssysteme über die Unter-nehmensgrenzen hinweg kaum noch vorbeizukommen.

Für die Übertragung auf elektronische B2B Märkte werden spezielle Anforde-rungen an die Ansätze gestellt. Einige Ansätze lassen sich auf diesen Bereich übertragen.

Inhaltsverzeichnis

3

4

Abkürzungsverzeichnis

B2B	Business-to-Business
CALS	Computer-Aided Acquisition and Logistic Support
CRM	Customer Relationship Management
CSCW	Computer Supported Cooperative Work
EAI	Enterprise Application Integration
EDI	Electronic Data Interchange
EDIFACT	EDI for Administration Commerce and Transport
ERM	Enterprise-Relationship-Management
ERP	Enterprise Resource Planung
ISO	International Organization for Standardization
SGML	Standard Generalized Markup Language
WM	Wissensmanagement
WMS	Wissensmanagement-Systeme

Abbildungsverzeichnis

1 Einleitung

1.1 Problemstellung

Für die Integration der Anwendungssysteme im unternehmensinternen Bereich existieren bereits einige Ansätze. Es besteht allerdings das Problem, wie bei diesen Integrationsansätzen der jeweilige Grad der Integration zu bestimmen ist. Das gleiche Problem besteht, wenn diese Ansätze auf die unternehmensübergreifenden Integration übertragen werden. Auch hier muss eine Messung der Integration ermöglicht werden. Am Beginn der Betrachtungen zur Integation war der Fokus vor allem auf die unternehmensinterne Integration gerichtet. In Zeiten von vernetzten und eng kooperierenden Unternehmen müssen diese Betrachtungen auch auf den unternehmensübergreifenden Sektor ausgedehnt werden. Für einen zielgerichteten Vergleich der Ansätze zur Messung des unternehmensinternern und unternehmensübergreifenden Integrationsgrads werden sowohl Gemeinsamkeiten als auch Unterschiede aufgezeigt. Bei den Ansätzen, die für eine Bestimmung der unternehmensübergreifenden Integration genutzt werden, ist es weiterhin interessant, ob und wie sich diese auch auf elektronische Business-to-Business Marktplätze anwenden lassen.

1.2 Zielsetzung

Die Zielsetzung der Arbeit besteht darin, unterschiedliche Konzepte zur Bestimmung der Integration aufzuzeigen, zu vergleichen und mit Hinblick auf deren Eignung auf elektronischen B2B-Marktplätzen zu bewerten. Der Schwerpunkt soll dabei auf der unternehmensübergreifenden Integration liegen. Bei der Analyse der verschiedenen Ansätze wird auf verschiedene Wissenschaftsgebiete, wie die Informatik, die Wirtschaftsinformatik, die Betriebswirtschaftslehre und die Organisationslehre, zurückgegriffen.

1.3 Methodik der Arbeit

Das Ziel dieser Arbeit soll hauptsächlich durch eine Auswertung nationaler und internationaler Literatur erreicht werden. Hierdurch sollen die bereits vorhandenen Integrationsansätze herausgestellt und beschrieben werden.

1.4 Aufbau der Arbeit

Im Anschluss an die Einleitung werden im zweiten Kapitel die verschiedenen Ansätze zur Integration aufgezeigt. Das dritte Kapitel beschäftigt sich mit der Eignung der Ansätze für elektronische Märkte. Hier wird als erstes der Begriff des elektronischen Business - to - Business Marktes definiert und daran anschließend Anforderungen dieser Märkte an die Integration aufgezeigt. Im Folgenden werden die Ansätze aufgezeigt, die diesen Ansprüchen entsprechen.

Abschliessend werden in der Zusammenfassung noch einmal die wichtigsten Thesen in Bezug auf die Integration hervorgehoben und die gewonnenen Erkenntnisse dargestellt.

1.5 Begriffserklärungen

Unter dem Begriff der Integration versteht man in der Wirtschaftsinformatik „die Verknüpfung von Menschen, Aufgaben und Technik zu einem einheitlichen Ganzen". [1] Allerdings weichen einige Autoren der vorgestellten Ansätze von dieser Definition ab, daher wird jeweils auf das Begriffsverständnis des Ansatzes hingewiesen. Bei der unternehmensübergreifenden Integration handelt es sich um die Integration über die Unternehmensgrenzen hinweg. Interessant sind die Betrachtungen über die unternehmensübergreifende Integration besonders für elektronische Business - to - Business - Marktplätze. Unter Business - to - Business - Marktplätzen werden sämtliche Phasen des Transaktionsprozesses mit Hilfe der Informationsverarbeitung unterstützt.

Unter Anwendungssystemen werden im engeren Sinne „die Gesamtheit aller Programme, die als Anwendungssoftware für ein konkretes betriebliches Anwendungsgebiet entwickelt, eingeführt und eingesetzt werden, und um die zugehörigen Daten [...]" [2].

Unter Middleware versteht man denjenigen „Teil von Software, der den Austausch von Informationen zwischen verschiedenen Komponenten einer verteilten, heterogenen IV-Landschaft ermöglicht" [3]. Unter Enterprise Applikation Integration (EAI) versteht man im Allgemeinen „ein Vorgehen [...], das den Austausch von Daten zwischen heterogenen Anwendungssystemen ermöglicht und die Verwaltung der Schnittstellen im Unternehmen vereinfacht" [4].

---

[1] Peter Mertens /Integrierte Informationsverarbeitung/ 244
[2] Stahlknecht, Hasenkamp /Einführung/ 208
[3] Soeffky /Middleware/ 303
[4] Ließmann /EAI/ 180

2 Vorstellung ausgewählter Ansätze

2.1 Integration zwischenbetrieblicher Informationssysteme nach Matthias Schumann

Schumann unterscheidet bei der Erklärung des Integrationsbegriffes drei Integrationsdimensionen. Diese sind Integrationsrichtung, Integrationsgegenstand und die Integrationsreichweite.[5]

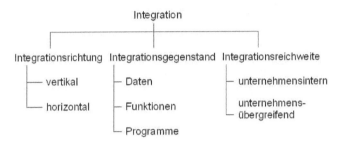

Abbildung 1: Dimensionen der Integration nach Schumann

Die Integrationsrichtung wird hier unterschieden in vertikale und horizontale Integration. Vertikal integrierte Systeme greifen in den Produkterstellungsprozess ein. Horizontal integrierte Systeme dienen administrativen Aufgaben. Schumann unterscheidet bei den Intergrationsgegenständen in Daten, Funktionen und Programme. Die Integrationsreichweite wird unterschieden in unternehmensintern und unternehmensübergreifend. Schumann versteht unter einer unternehmensübergreifenden Integration von Anwendungssystemen die Verbindung von eigenständigen Unternehmen durch Anwendungssysteme.[6] Als weitere Eigenschaften führt Schumann auf, dass diese Systeme für die beteiligten Unternehmen zusätzliche Informationen bereitstellen und von ihnen ein starker Einfluss auf den Wettbewerb ausgeht. Eine Voraussetzung für Anwendungssysteme, die über Unternehmensgrenzen hinweg integriert sind, stellen überbetriebliche Netzwerke dar.

In dem Ansatz von Schumann ist ein Integrationsgrad definiert. Nach Schumann lässt

---

[5]Schumann /Informationsverarbeitung/ 6 ff
[6]Die Ausführungen der folgenden Absätze sind Schumann /Nutzeffekte/ entnommen worden.

9

sich mit dem Integrationsgrad die Leistungsfähigkeit der integrierten Anwendungssysteme darstellen und damit verbunden lassen sich mögliche Veränderungen aufzuzeigen, welche durch die Integration der Anwendungssysteme ausgelöst werden.

Schumann zeigt verschiedene Integrationsformen auf, hierzu bedient er sich einer vierstufigen, auf den Integrationsgrad bezogenen, Einteilung. Die erste Stufe der Anwendungssysteme beschränken sich auf reine Bestelldatenübermittlung. Diese Art der Integration führt zu einer Datenintegration. Aber auch Funktionsintegration ist möglich indem Einzeltätigkeiten, wie zum Beispiel die Auftragsdatenerfassung durch mehrere Unternehmen, eingespart werden können.

Auf der zweiten Stufe der Integration existieren bei den überbetrieblichen Anwendungssystemen gemeinsame Datenbestände.

In der dritten Stufe werden die Anwendungssysteme gestaltet, durch die die Ablauforganisation in den beteiligten Unternehmen verändert werden kann.

Die vierte Stufe ist auch gleichzeitig die höchste Stufe der Integration von Anwendungssystemen. Hier werden zwischenbetriebliche Prozesse annähernd automatisiert.

Schumann berücksichtigt elektronische Marktplätze in seiner Arbeit nicht. Er betrachtet diese als Weiterentwicklung zwischenbetrieblicher Systeme. [7] Trotzdem lassen sich die Betrachtungen zur Integration auch auf die elektronischen B2B Marktplätze übertragen, da sie eine Form von unternehmensübergreifenden Anwendungssystemen darstellen.

Ein Vorteil dieses Ansatzes, im Vergleich zu anderen Ansätzen, ist, dass sich Schumann im Anschluss an die Aufgliederung des Integrationsgrades mit einer Nutzeffektanalyse befasst, um die Integration zu beurteilen.

2.2 Enterprise Application Integration Ansatz nach William Ruh, Francis Marginnis und William Brown

Die Autoren dieses Ansatzes benutzen den Begriff Integrationsmodell. [8] Der Begriff Integrationsmodell beschreibt wie Anwendungen integriert werden. Es werden Mechanismen der Integration und die Integration selbst definiert werden. Ein Integrationsmodell bietet die Möglichkeiten die Integration zu vereinfachen. Weiterhin werden die Wiederverwendbarkeit der Integration für verschiedene Konfigurationen und mehrere Annäherungsmöglichkeiten an die Integration sowie die Bewertung der Integration ermöglicht.

---

[7]Schumann /Nutzeffekte/ 309
[8]Die Ausführungen der folgenden Absätze sind Ruh, Maggins, Brown /EAI/ entnommen worden.

Die Autoren unterscheiden drei Integrationsmodelle:

1. Presentation integration,

2. Data integration und

3. Functional integration

Diese drei Integrationsmodelle ergeben sich aus den drei Komponenten, die integriert werden können. Dies sind die Präsentation, die Daten und die Funktionalität, das sind damit auch die Integrationsgegenstände. Unter Integration wird hier die Kopplung von Anwendungssystemen verstanden.

Die presentation integration ist die einfachste Form der Integration. Es wird eine neue Software in eine bestehende integriert, indem die neue Software die Präsentation, also in der Regel die Benutzerschnittstelle der alten Software benutzt. Die Autoren nennen auch Anlässe, bei denen die Form der Integration angewendet werden kann. Diese sind die Einführung einer PC-basierten Benutzeroberfläche für eine terminal-basierte Anwendung, die Einführung einer Benutzeroberfläche für verschiedene Anwendungen und bei der Integration von einer Anwendung, deren Nutzen sich nur durch ihre Präsentation entfaltet. Die presentation integration ist einfach und schnell durchzuführen, denn die Integration der Präsentation ist meist weniger komplex als die Integration der Daten und der Funktionen. Allerdings kann diese Form der Integration zu Performanceproblemen führen, da auf die bestehenden Anwendungen nur eine zusätzliche Schicht aufgesetzt wird.

Die zweite Form der Integration ist die data integration. Als Integrationsgegenstand dienen hier die Daten. Es werden die Datenbestände oder die Datenstrukturen betrachtet. Auch hier werden wieder Anwendungsmöglichkeiten aufgezeigt. Diese sind die Kombination von Daten aus verschiedenen Quellen für Auswertungen, das Anbieten von Lesezugriffen auf Daten an verschiedene Anwendungen und die Datenübertragung in eine andere Anwendung. Die date integration ist flexibler in der Anwendung als die presentation integration. Es wird dabei der Zugriff von verschiedenen Anwendungen auf die Daten ermöglicht.

Das function integration Modell basiert auf der Integration auf Quellcodeebene oder auf der Integration über application programming interface (API). Es wird dabei der Anwendung erlaubt, die Funktionalität anderer Anwendungen aufzurufen. Diese Form

der Integration ist die robusteste und flexibelste unter den hier aufgeführten. Die functional integration kann die gleichen Probleme lösen wie die anderen beiden Formen, aber hierbei besteht eine verbesserte Möglichkeit der Wiederverwendung der integrierten Komponenten.

Die Autoren nennen als bestimmendes Merkmal des Integrationsgrades die Kopplung (coupling). Bei der Kopplung sind zwei Ausprägungen möglich, die lose und die feste Kopplung. Bei der losen Kopplung erfolgt die Integration über festgelegte Schnittstellen. Bei der festen Kopplung muss für die Integration in die Implementation eingegriffen werden. Ein ähnliches Konzept ist in der Unterscheidung zwischen white box und black box integration zu sehen. Bei der white box integration ist das „Innere" der Anwendung beziehungsweise der Datenbank für den Integrator erkennbar. Dieses Verfahren wird bei der presentation und der data integration angewendet. Bei der black box integration ist das „Innere" der Anwendung nicht sichtbar. Functional integration ist sowohl als white box als auch als black box integration möglich.

Dieser Ansatz ist sowohl im unternehmensinternen und im unternehmensübergreifenden Bereich anwendbar.

2.3 Integrationsebenen und -technologien nach Matthias Meyer

Dieser Ansatz beschäftigt sich mit der Integration von Customer Relationship Management Systemen (CRM-Systeme). Der Autor versteht unter einem CRM-System „die Zusammenführung verschiedener Tools, die im Rahmen des analytischen, operativen und kommunikativen CRM eingesetzt werden" [9]. Bei dem Integrationsbegriff orientiert sich Meyer an der Definition von Mertens, die besagt, dass Integration als „Verknüpfung von Menschen, Aufgaben und Technik zu einer Einheit" [10] verstanden wird. Meyer unterscheidet zwei Ebenen der Integration, die organisatorische und die technische Integration. [11]

Um ein CRM-System einführen zu können, müssen zahlreichen organisatorische Veränderungen in dem Unternehmen bewerkstelligt werden. Hierzu zählt vor allem die Organisationsentwicklung, darunter fallen „die Definition von Prozessen, Rollen und Aufgaben, um Zuständigkeiten zu klären und Koordinationsprobleme zu vermeiden" [12]. Bei der

---

[9]Meyer /CRM-Systeme/ 126
[10]Mertens /Operative Systeme/ 1
[11]Die Ausführungen der folgenden Absätze sind Meyer /CRM-Systeme/ entnommen worden.
[12]Meyer /CRM-Systeme/ 132

technischen Integration von CRM-Systemen werden zwei Möglichkeiten aufgezeigt, die Integration eines CRM-System des Anbieters der eingesetzten ERP-Software oder die Integration eines beliebigen CRM-Systems durch Enterprise Application Integration. Meyer unterscheidet drei Integrationstechnologien, nämlich Middleware, Enterprise Application Integration (EAI) und Web Services. Unter Middleware werden Tools verstanden, die applikationsunabhängig sind und Verbindungen zwischen verschiedenen Appliaktionen herstellen. [13]

Es werden fünf Kategorien von Middleware unterschieden:

- Datenbank-Middleware,

- Verteilte Transaktionsmonitore,

- Object Request Broker,

- Remote Procedure Calls und

- Message-oriented Middleware.[14]

Das Problem bei Middleware ist, dass sie nur einer technischen Integration dient, da sie nachrichtenorientiert ausgelegt ist. Für eine vollständige Integration sind laut Meyer auch inhaltliche und betriebswirtschaftliche Gesichtspunkte zu beachten. Meyer kritisiert, dass bisherige Publikationen meist zu technisch ausgelegt sind und inhaltliche Aspekte unberücksichtigt bleiben.

Unter dem Begriff Enterprise Application Integration werden Technologien verstanden, „die automatisiert die Kommunikation und Interoperabilität zwischen unterschiedlichen Anwendungen und Geschäftsprozessen innerhalb und zwischen Organisationen ermöglichen" [15]. Durch EAI sind also Anwendungen in der Lage, ihre Funktionalitäten auch anderen Anwendungen zur Verfügung zu stellen. Der Vorteil von EAI, gegenüber Middleware, ist die höhere Flexibilität und umfangreichere Konfigurierbarkeit, denn EAI besitzt ein höheres Abstraktionsniveau. Meyer verweist hier auf die in Kapitel 2.2 von Ruh, Marginnis und Brown aufgeführten Integrationsformen und unterscheidet die Integrationsformen in

---

[13]Ruh, Maggins, Brown /EAI/ 3
[14]Soeffke /Middleware/
[15]Winkeler, Raupach, Westphal /EAI/ 8

- Integration unter einer Benutzeroberfläche, bei der es hauptsächlich darum geht eine einheitliche Benutzeroberfläche für verschiedene Anwendungen den Nutzern zur Verfügung zu stellen,

- Integration auf Datenebene, mit deren Hilfe Anwendungen direkten Zugriff auf Daten anderer Anwendungen erhalten, und

- Integration auf Funktionsebene, bei der Anwendungen anderen Anwendungen eigene Funktionalitäten zur Verfügung stellen.

Beim Integrationsgrad verweist Meyer auf Winkler, der den Integrationsgrad als „das Ausmaß, in dem Applikationen integriert werden" [16]. Dies stellt allerdings keine eindeutige Definition dar, denn es wird nicht festgelegt, wie dieser Grad zu bestimmen ist. Web Services dienen der Integration von Applikationen, es existiert allerdings keine allgemeingültige Definition. Bei den Web Services erfolgt, im Unterschied zu EAI, die Integration mit Hilfe von Internettechnologien. Der Vorteil von Web Services ist in der Plattformunabhängigkeit und der Unabhängigkeit von Hardware und Programmiersprachen zu sehen. Ein weiterer Vorteil ist, dass die Kosten für Web Service Lösungen nur 25 bis 50 % der Kosten von EAI Lösungen betragen. [17] Web Services stellen eine Konkurrenz zu Middleware und EAI dar und es ist davon auszugehen, dass Web Services in Zukunft eine noch größere Rolle bei der Integration von Anwendungssystemen spielen. Meyers Ansatz ist sowohl unternehmensintern als auch unternehmensübergreifend anwendbar.

2.4 Auswirkungen von Enterprise Application Integration nach Karsten Schott und Rolf Mäurer

Die Autoren definieren EAI als Middlewaretechnologien mit einer Erweiterung um Funktionen zur Integration von Daten und Prozessen.[18] Daraus ergibt sich eine erhöhte Flexibilität bei der Integration. Die Integration kann sowohl unternehmensintern als auch unternehmensübergreifend erfolgen. Für die Integration sind zwischen den Beteiligten

---

[16]Winkeler, Raupach, Westphal /EAI/ 8, siehe auch Kapitel 2.5
[17]Meyer /CRM-Systeme/ 145
[18]Die Ausführungen der folgenden Absätze sind Schott, Mäurer /Auswirkungen von EAI/ entnommen worden.

klare Absprachen und bindende Vereinbarungen erforderlich. Um eine IT-Integration erfolgreich durchführen zu können, sind folgende Faktoren notwendig:

- eine hohe Flexibiltät durch

  - schnellen Aufbau neuer Funktionalitäten und

  - Individualisierung des Angebotes zur Ausschöpfung von Marktnischen,

- niedrige Kosten durch

  - umfassende zeitnahe Informationen zur Entscheidungsunterstützung und

  - Partnering als strategischer Hebel im E-Commerce,

- die Integration der Transport-, Daten- und Prozessebene durch

  - Unterstützung neuer Medien und

  - Beschleunigung von Durchlaufzeiten und

- eine perfekte Qualität durch

  - verstärkte innerbetriebliche Kommunikation durch Globalisierung und

  - wachsende Häufigkeit von Mergers und De-Mergers.

Durch die Verbreitung von elektronischen Märkten wird verstärkt sowohl auf der Beschaffungsseite als auch auf der Verkaufsseite Flexibilität und Schnelligkeit der Anwendungssysteme gefordert. Die Autoren fordern eine Integration über mehrere Ebenen, dabei müssen Flexibilität, Kosten und Qualität beachtet werden. Durch die Integration muss gewährleistet sein, dass auf der Transportebene verschiedene Plattformen, Protokolle und Formate unterstützt werden. Weiterhin sollte das Zuordnen und die Umwandlung von Daten verschiedener Anwendungen möglich sein. Außerdem sollen anwendungsübergreifende Prozesse abbildbar, anpassbar und änderbar sein.
Die Autoren führen drei Ansätze zur Integration von Anwendungssystemen auf, Enterprise-Relationship-Management-System (ERM-Systeme), das Data Warehouse, Middleware und Enterprise Application Integration. Hersteller von ERM-Systemen versprechen zwar meist eine einfache Integration von Anwendungen über Standardschnittstellen, können diese Versprechen aber oft nicht halten. Bei der Integration durch Data Warehouse Lösungen werden nur die Daten integriert, eine anwendungsübergreifende Integration von

Prozessen ist aber nicht möglich. Wenn Anwendungen durch Middleware integriert werden sollen, müssen alle Anwendungen die Middlewarestandards unterstützen. Dies ist oft bei alten Anwendungen nicht der Fall und für die Integration ist ein hoher Aufwand zu treiben.

Den Schwerpunkt setzen die Autoren auf den EAI-Ansatz. EAI kann dazu beitragen, die Erstellung von Schnittstellen zwischen den zu integrierenden Anwendungen zu erleichtern. Der EAI-Ansatz betrifft aber nur die Prozess-, Daten-, Anwendungs- und Transportschicht, die Organisationsschicht kann nicht mit Hilfe von EAI integriert werden. Für die Integration ist weiterhin eine Geschäftsarchitektur erforderlich, die möglichst kleine Interationsbereichen für das Unternehmen festlegt. Hierbei ist das Ziel, möglichst wenig globale Prozesse und Informationsobjekte festzulegen. Dadurch wird die Komplexität der Integration eingeschränkt.

2.5 Enterprise Application Integration nach Winkler, Raupach und Westphal

Auch dieser Ansatz stammt aus dem EAI-Umfeld. Hier wird unter EAI diejenige Technologie verstanden, die „automatisiert die Kommunikation und Interoperabilität zwischen unterschiedlichen Anwendungen und Geschäftsprozessen innerhalb und zwischen Organisationen" [19] ermöglichen. Die Betrachtungen dieses Ansatzes sind stark auf die Entwicklungen im Bereich des E-Business bezogen und EAI wird von den Autoren als „E-Business Enabling Technologies" bezeichnet. [20] Es erfolgt keine explizite Definition des Begriffs Integration.

Als Ziele der Anwendungsintegration nennen die Autoren die Integrationsbreite und die Integrationstiefe. [21] Diese beschreiben die Veränderungen, welche durch die Maßnahmen zur Integration hervorgerufen wurden. Die Integrationsbreite charakterisiert das „Ausmaß, in dem Anwendungen, welche verschiedene Prozesse eines Unternehmens unterstützen" [22], integriert werden. Dabei steigt die Komplexität der Integration mit der Integrationsbreite. Die Integrationstiefe lässt sich in die Ebenen Integration auf Datenebene, Integration auf Objektebene und Integration auf Prozessebene unterteilen und

---

[19] Winkler, Raupach, Westphal /EAI/ 8
[20] Winkler, Raupach, Westphal /EAI/ 8
[21] Die Ausführungen der folgenden Absätze sind Winkler, Raupach, Westphal /EAI/ entnommen worden.
[22] Winkler, Raupach, Westphal /EAI/ 8

entspricht dem Integrationsgrad. Die Definition des Integrationsgrades erfolgt bei diesem Ansatz nicht eindeutig. Es erfolgt keine Erklärung, wie der Integrationsgrad zu bestimmen ist und orientiert sich als Unterscheidungsmerkmal an den Integrationsgegenständen. EAI-Lösungen sollten alle Ebenen der Integration abdecken. Um Anwendungen zu integrieren, können verschiedene Wege genommen werden. Eine Möglichkeit ist die Point-to-Point Verbindung. Dies sind Verbindungen zwischen zwei gleichberechtigten Anwendungen. Meist liegt diese Art vor, wenn Systeme gewachsen sind und regelmäßig ergänzt wurden. Den Anforderungen des E-Business kann dieser Weg der Integration, aufgrund der Komplexität und Vielzahl der Verbindungen, nur selten gerecht werden. Die Nachteile dieses Ansatzes sind unter anderem der hohe Aufwand zur Integration von weiteren Anwendungssystemen und die nicht optimale Nutzung der zur Verfügung stehenden Ressourcen. Der zweite Weg ist die ERP-basierte Anwendungsintegration. Dieser Weg ist nur dann für E-Business zu verwenden, wenn zwischen den einzelnen Anwendungen kein direkter Informationsaustausch notwendig ist. Der dritte Weg ist der Middleware-orientierte Integrationsansatz. Integriert wird auf diesem Weg vor alle auf der Datenebene.

Die Autoren zeigen drei Kategorien von Integrationsmechanismen auf. Diese sind:

- das Messaging, hier erfolgt der Informationsaustausch über den Versand von Nachrichten und stellt somit eine Form der asynchronen Kommunikation dar,

- der Datenzugriff und Filetransfer, hier erfolgt ein Datenzugriff auf eine Datenbank und

- die Call Interfaces, diese werden auch Application Programming Interfaces genannt.

Für eine erfolgreiche Integration, besonders im Bereich des E-Business, sind allerdings integrierte Prozesse, Datenintegration in Real-Time, globale Vernetzung und ständige Veränderungen der Geschäftsprozesse notwendig. EAI-Lösungen können diesen Ansprüchen gerecht werden. Durch EAI ist es möglich automatisiert Informationen in einem Format und Kontext auszutauschen. Dies erfolgt vor allem dadurch, dass die Schnittstellen standardisiert werden. Bei einer Integration mit Hilfe von EAI ist es möglich, dass die Anwendungssysteme unverändert bleiben können. EAI ist eine Erweiterung von Middleware um die Integration der Objekt- und Prozessebene.

2.6 Integration von Interorganisationssystemen nach Rainer Alt und Ivo Cathomen

Dieser Integrationsansatz geht davon aus, dass ein Interorganisationssystem nur dann Nutzen stiften kann, wenn es integriert ist. Interorganisationssysteme sind unternehmensübergreifende Anwendungssysteme, „durch die zwei oder mehr unabhängige Organisationen strukturierte Daten zwischen Rechnern austauschen" [23]. Unter Integration wird hier die Kopplung von Anwendungssystemen verstanden, besonders im Fokus von Logistikanwendungen.

Die Autoren unterscheiden drei aufeinander aufbauende Integrationsstufen, welche gleichzeitig auch die Einteilung des Integrationsgrades darstellen. [24] Diese drei Stufen sind:

1. die Integration auf der Netzwerkebene,

2. die Integration auf der Funktions- / Informationsebene und

3. die Integration auf der Prozessebene.

Für jede der genannten Stufen wird der Integrationsnutzen aufgezeigt.

Bei der ersten Stufe, der Integration auf der Netzwerkebene, beruht die Integration nur auf dem Prinzip der Datenübermittlung von verbundenen Systemen. Der Nutzen besteht in der Beschleunigung des Datenaustausches, der Fehlerreduktion und der Reduktion des Papieraufkommens. Zusammenfassend kommt der Integrationsnutzen bei dieser Stufe durch Kosten- und Fehlerreduktion zustande.

Bei der zweiten Stufe, der Integration auf der Funktions- und Informationsebene, werden Funktionen und Informationen im Wertschöpfungsprozess verschoben oder zusammengefasst. Der Integrationsnutzen beruht hier vor allem auf einer Produktivitätserhöhung. Diese Stufe baut auf der ersten Stufe auf.

Die dritte Stufe der Integration, die Integration auf der Prozessebene, ist die höchste Ebene der Integration. Hier beruht der Integrationsnutzen auf der Erzielung von Wettberwerbsvorteilen, die durch die Automatisierung von Prozessen entstehen. Eine Anwendung dieser Integrationsform sind elektronische Märkte. Hier werden die Handelsprozesse mit Hilfe von Interorganisationssystemen unterstützt.

Dieser Ansatz ist auf den unternehmensübergreifenden Einsatz ausgerichtet.

---

[23] Krcmar /IOS/

[24] Die Ausführungen der folgenden Absätze sind Alt, Cathomen /IOS/ 66 - 70 entnommen worden.

2.7 Integrierte Wissensmanagement-Systeme nach Gerold Riempp

Dieser Ansatz beschreibt, wie Wissensmanagement-Systeme (WMS) integriert werden können. Das Ziel der Integration ist „ die bestmögliche Unterstützung von Rollenträgern in WM- und Geschäftsprozessen bei der Erledigung ihrer Aufgaben und darüber hinaus ein möglichst hoher Grad der Erreichung der Ziele der WM-Strategie und der Geschäftsstrategie " [25]. Riempp führt drei Dimensionen der Integration ein. Dies sind die vertikale, die horizontale und die interorganisationale Integration.[26] Die vertikale Integration beschreibt die Integration innerhalb und zwischen den Ebenen des Unternehmens. [27] Die horizontale Integration verbindet die einzelnen Säulen der Architektur innerhalb eines Unternehmens, dies sind Inhalt, Zusammenarbeit, Kompetenz und Orientierung. [28] Hier dient Integration als Gestaltungsprinzip.

Durch die interorganisationale Integration erfolgt die unternehmensübergreifende Interation von Wissensmanagementsystemen und -prozessen. Die Wissensmanagementprozesse werden unterteilt in Kooperationsprozesse, Kooperatonswissensmanagementprozesse und Kooperationsfunktionen. Die Kooperationsprozesse integrieren die Geschäftsprozesse der beteiligten Unternehmen. Dies kann unter anderem in Form von Abstimmung von Spezifikationen bei einer gemeinsamen Produktentwicklung oder bei Bestell- und Liefervorgängen geschehen. Die Kooperationswissensmanagementprozesse verbinden Kooperationsprozesse zu unternehmensinternen Geschäfts- und Unterstützungsprozessen. Die Ergebnisse der Kooperatiosnwissensmanagementprozesse dienen der Abarbeitung von Kooperationsprozessen. Die Koordinationsfunktionen unterstützen die Kooperations- und Kooperationswissensmanagementprozesse.

Mit Hilfe eines Business Collaboration Framework werden Unternehmen durch standardisierte Kooperationsfunktionen verbunden. Hierdurch entstehen m:n Verknüpfungen zwischen den Unternehmen, welche zu einem Rationalisierungsvorteil gegenüber der Vielzahl benötigter 1:1 Verknüpfungen führen.

---

[25] Riemp /WMS/ 231
[26] Die Ausführungen der folgenden Absätze sind Riempp /WMS/ 231 - 251 entnommen worden.
[27] siehe Riempp /WMS/ 126
[28] siehe Riempp /WMS/ 129

2.8 Integration nach Siegfried Bauer

Bauer führt in seinem Ansatz an, dass durch Interorganisationssysteme organisatorische Schnittstellen überwunden werden und es damit zu einer Integration der beteiligten Unternehmen kommt. [29] Den Integrationsbegriff unterscheidet Bauer in vier Dimensionen:

- die Integrationsbereiche, bei denen die zu betrachtende Perspektive der Integration festgelegt wird, z. B. die technische, die organisatorische oder die institutionelle Sicht,

- die Integrationsgegenstände, bei denen die Objekte festgelegt werden, die integriert werden sollen, z. B. Daten, Funktionen und Programme,

- die Integrationsreichweite, bei der festgelegt wird, ob unternehmensintern oder unternehmensübergreifend integriert werden sollen und

- die Integrationsrichtung, bei der unterschieden wird zwischen vertikaler und horizontaler Integration.

Laut Bauer sind drei Integrationsbereiche besonders bedeutsam. Diese Ebenen sind:

1. die Ebene der technischen Integration,

2. die Ebene der organisatorischen Integration und

3. die Ebene der institutionellen Integration.

Bei der ersten Ebene, der technischen Integration, geht es vor allem um die Datenübertragung zwischen den beteiligten Unternehmen durch die Nutzung von Interorganisationssystemen. Die Vorteile, die aus dieser Integration hervorgehen, sind vor allem auf dem Gebiet der Kostenreduzierung und Fehlerminimierung zu sehen. Diese entstehen durch das Verhindern von Mehrfacheingaben von Daten und durch die direkte Kommunikation der Anwendungssysteme. Es kommt aber nicht zu dauerhaften Wettbewerbsvorteilen, da auch die Konkurrenz diesen Weg leicht einschlagen kann. Durch die Integration auf der organisatorischen Ebene wird die Aufbau- und Ablauforganisation der beteiligten Unternehmen aufeinander abgestimmt und damit die technische Integration erweitert. Bei der dritten Ebene, der institutionellen Integration, geht es um die vertraglichen Bindungen zwischen den beteiligten Unternehmen.

---

[29]Die Ausführungen der folgenden Absätze sind Bauer /Auswirkungen der IT/ entnommen worden.

Die technische Integration hat einen direkten Einfluss auf die institutionelle Integration durch „die Spezifität und Unsicherheitswirkung der technischen Investitionen" [30]. Dagegen hat die organisatorische Integration einen indirekten Effekt auf die institutionelle Integration durch die Unsicherheit der Änderungen in der Ablauf- und Aufbauorganisation.

Bauer systematisiert Interorganisationssysteme nach den Kategorien Funktionen (elektronischer Handel und CSCW und Groupware), den Gegenständen der technischen Integration (Daten-, Funktions- und Programmintegration und EDI) und nach dem Koordinationsmechanismus. Bei der Systematisierung nach dem zugrundeliegenden Koordinationsmechanismus werden elektronische Hierarchien, elektronische Märkte und elektronische Kooperationen unterschieden.

2.9 Integration von Applikationen und Datenbanken nach Helmut Thoma

Thoma versteht „unter der Integration von Applikationen und Datenbanken sowohl

- die gemeinsame Nutzung derselben [...] Daten durch unterschiedliche Applikationen einerseits als auch

- den Austausch von Daten zwischen unterschiedlichen Applikationen andererseits" [31].

Aus dieser Definition wird ersichtlich, dass der Integrationsgegenstand bei diesem Ansatz die Daten sind. Die Integration kann sowohl unternehmensintern als auch unternehmensübergreifend geschehen. Bei der ersten Form, der gemeinsamen Nutzung der Datenbestände, besteht der Vorteil darin, dass die verwendeten Daten immer konsistent sind und nur einmal modelliert werden müssen. [32] Der Nachteil ist darin zu sehen, dass es eines hohen Aufwandes bedarf, einheitliche Datenbankschematas für die zu integrierenden Applikationen festzulegen.

Die zweite Form, dem Austausch von Daten zwischen den Applikationen, bedarf einer einheitlichen Datendefinition und einheitlichen Datenstrukturen. Der Vorteil dieser Variante liegt darin, dass die Applikationen und Datenbanken unabhängig strukturiert sein

---

[30]Bauer /Auswirkungen der IT/ 62
[31]Thoma /Integration/ 223
[32]Die Ausführungen der folgenden Absätze sind Thoma /Integration/ entnommen worden.

können. Es müssen nur die Strukturen der auszutauschenden Daten standardisiert werden. Der Nachteil dieser Form liegt darin, dass die Daten nur konsistent sind, wenn alle auf dem selben Stand sind, was zu einem hohen Aufwand führt. Der hohe Aufwand entsteht dadurch, dass die Daten ständig abgeglichen und aktualisiert werden müssen. Aber auch Fehler- und Konfliktpotenzial liegt in Dateninkonsistenzen. Thoma unterscheidet vier Stufen der Integration von Applikationen:

1. Vollintegriert, hier existiert eine permanente Datenkonsistenz,

2. Update-getriggerte, hier werden Änderungen in Daten auch in den Daten der verbundenen Applikationen und Datenbeständen durchgeführt,

3. Update-getriggertes Mailing, hier wird bei der Änderung einer Datei diese Datei an eine Mailbox versandt, die von der verbundenen Applikation abgerufen und in den eigenen Datenbeständen aktualisiert wird und

4. Zeit-getriggert, hier werden zu festgelegten Zeitpunkten Änderungen in andere Applikationen weitergegeben.

Diese vier Stufen entsprechen dem Integrationsgrad. Die Integrationsstufen 2 bis 4 werden als „getriggert integriert" bezeichnet. Je nach den Anforderungen an die Aktualität der Daten, sollten nur bestimmte Integrationsstufen angewandt werden. Thoma unterscheidet bei den getriggert integrierten Applikationen die Aktualitätsstufen leicht verzögert, bedarfsgesteuert und zeitgesteuert. Leicht verzögert bedeutet, dass die Daten bis auf wenige Ausnahmen aktuell sind, bedarfsgesteuert meint, dass die Daten bei Bedarf aktualisiert werden, und zeitgesteuert bedeutet, dass die Daten immer zu einem festgelegten Zeitpunkt aktualisiert werden. Bei vollintegrierten Anwendungen sind die Daten immer aktuell. Bei Update-getriggerten Anwendungen können die Daten leicht verzögert sein, unter bestimmten Umständen auch bedarfsgesteuert oder zeitgesteuert. Beim Update-getriggertem Mailing kommen die Stufen leicht verzögert, bedarfsgesteuert und zeitgesteuert in Frage. Bei zeitgetriggerten Anwendungen ist lediglich die zeitgesteuerte Aktualität möglich.

2.10 Levels of Enterprise Integration nach Delvon Grant und Quing Tu

Die Autoren dieses Ansatzes definieren Integration als die Sammlung von verwandten Funktionseinheiten, wie Computerinformationssysteme, Produktionssysteme, Techniksysteme, Produktionssysteme, Verwaltungssysteme, Verteilersysteme, Finanzsysteme, Buchhaltungssysteme und Personen, um ein vereinigtes Ganzes zu bilden. [33] Diese Funktionalitäten müssen zusammenarbeiten, um die Ziele der Unternehmen zu unterstützen. [34] Die Autoren unterscheiden sechs Ebenen der Integration. Dies sind:

1. System-Specification Integration,

2. System-User Integration,

3. Island of Technology Integration,

4. Organization Integration,

5. Socio-Organizational Integration und

6. Global Integration.

Jede dieser Ebenen baut auf der unter ihr liegenden Ebenen auf. Die erste Ebene, die System-Specification Integration, ist die niedrigste Ebene der Integration. Hier werden zwei Typen der Integration unterschieden, die specification integration, die Spezifikation des technischen Systementwurfs der Soft- und Hardware, und die compatibility integration, welche die Kompatibilität der eingesetzten Komponenten betrifft. Die beiden Typen sind eng mit einander verbunden. Wenn die Komponenten nicht kompatibel zu einander sind, dann betrifft das auch die Spezifikation des Systementwurfs. Diese Integrationsebene ist weitverbreitet.

Bei der zweite Ebene geht es um die Integration des Benutzers mit der Technologie und der Umgebung. Auch hier werden wieder zwei Typen unterschieden, die ergonomic integration und die cognitiv integration. Die ergonomic integration hat zum Ziel, dass das System und die Umgebung ergonomisch gestaltet wird, also benutzerfreundlich ist. Dies betrifft unter anderem Dinge wie die Benutzeroberfläche. Die cognitiv integration stellt

---

[33]Grant, Tu /Levels of Enterprise Integration/ 5

[34]Die Ausführungen der folgenden Absätze sind Grant, Tu /Levels of Enterprise Integration/ entnommen worden.

sicher, dass die Kommunikation zwischen dem Benutzer und dem System verständlich, einheitlich und nützlich ist.

Ebene drei ist die Island of Technology Integration. Die Technologieinseln resultieren aus einer ad hoc Entwicklung von Anwendungssystemen, bei denen auf die Integration keinen Wert gelegt wurde. Die Integration auf dieser Ebene hat zum Ziel die Kommunikationsfähigkeit der Inseln herzustellen. Es werden zwei Integrationstypen benötigt für den Austausch von Daten zwischen den Inseln, die horizontale und die vertikale Integration. Horizontale Integration betrifft die Datenübertragung zwischen Koordinations-, Kollaborations- und Entscheidungssystemen. Die vertikale Integration betrifft die Datenübertragung zu Managementsystemen. Bei dieser Ebene geht es hauptsächlich darum, die technische Kompatibilität der auszutauschenden Daten sicher zu stellen.

Die vierte Ebene stellt sicher, dass nicht nur die Technologie sondern das Unternehmen als Ganzes integriert wird und damit die Anwendungssysteme die Unternehmensziele auch abteilungsübergreifend unterstützen. Von der Integationsebene drei unterscheidet sich diese Ebene dadurch, dass sie sich in erster Linie „auf die Geschwindigkeit, Qualität, Informationsinhalt, Präsentation der Information und die Fähigkeit konzentriert, zu analysieren und die Information zu verbreiten" [35]. Hier werden vier Integrationstypen unterschieden, die internal vertical integration, die internal horizontal integration, die strategic integration und die internal temporal integarion. Die interne vertikale Integration ist der Austausch von Informationen zwischen Management und Nicht-Management, die interne horizontale Integration ist der Informationsaustausch zwischen Funktionen, Gruppen und Personen zum Ermöglichen der Zusammenarbeit dieser, die strategische Integration misst, wie die Anwendungssysteme die strategischen Ziele des Unternehmens unterstützen. Die interne temporäre Integration misst die Effektivität der Zusammenarbeit zwischen den Gruppen, Funktionen und Abteilungen, und benutzt für die Entscheidung auch historische Daten.

Der fünfte Level, die socio-organizational integration, integriert die externe soziale Umwelt der Unternehmung, zum Beispiel staatliche Institutionen und Industrie. Außerdem wird versucht das Customer Relationship Managament und das Supply Chain Management zu integrieren. Eine weitere Möglichkeit um diese Ebene der Integration durchzusetzen ist E-Commerce. Auch hier werden vier Typen unterschieden, die extern horizontal, die extern vertical, die extern temporal und die shared-vision integration. Extern ho-

---

[35] Grant, Tu /Levels of Enterprise Integration/ 9

rizontale Integration ist ähnlich zu der internen horizontalen Integration, nur das auch über Unternehmensgrenzen hinweg integriert wird. Das gleiche gilt für die externe temporäre Integration. Die externe vertikale Integration gibt Auskunft darüber, wie das Unternehmen mit externen Kontrollinstitutionen integriert ist Die shared-vision Integration ist wichtig für die Zusammenarbeit mit anderen Unternehmen, denn es geht um eine gemeinsame Vision.

Die sechste und damit höchste Ebene ist die Global Integration. Die Integration geht über nationale und kulturelle Grenzen hinaus, besonderes Augenmerk haben hier Sprache, Zeitunterschiede, Politik und Kultur. Die Autoren unterscheiden hier drei Integrationstypen, die international horizontal, die international temporal und die cultural integration. Bei der internationalen horizontalen Integration werden Daten und Informationen unternehmensübergreifend integriert, die internationale temporäre Integration ist für die Unternehmen notwendig, die über Zeitzonen hinweg mit anderen Unternehmen kooperieren. Die kulturelle Integration vermittelt die Unterschiede zwischen Kulturen. Die Ebenen eins, zwei, drei und vier sind unternehmensintern angelegt, wobei die Integration der Ebene drei auf den unternehmensübergreifenden Sektor übertragbar ist und die Integrationsebenen fünf und sechs unternehmensübergreifend ausgerichtet sind.

2.11 Integration in Supply Chain Networks nach Tage Skjott-Larsen und Pabir K. Bagchi

Der Ansatz der beiden Autoren soll den Einfluss der Informationstechnologie und der überbetrieblichen Verbindung auf den Integrationsprozess aufzeigen. Hierbei geht es vor allem um die unternehmensübergreifende Integration in einer Supply Chain. In diesem Ansatz wird Supply Chain Management definiert als „the integration of the key business processes from end user trough original suppliers that provides products, services, and information that add value for customers and other stakeholders" [36]. Im Anschluss zeigen die Autoren Definitionen von Integration von verschiedenen Autoren auf, dabei geht es von unternehmensinterner Integration bis zu unternehmensübergreifender Integration. In diesem Ansatz besteht Integration aus information integration und organizational integration, bedeutsam dabei sind die Informationstechnologie und die organisatorische

---

[36]Skjott-Larsen, Bagchi /Supply Chain Networks/ 5 f

Verbindung.[37]

Die Informationstechnologie umfasst die Informationen, die Unternehmen verwenden und benötigen und die Technologien, die Informationen verarbeiten. [38] Zur Integration benötigt man in vielen Fällen eine Koordination von unterschiedlichen Funktionen bei verschiedenen Partnern entlang der Supply Chain. Entlang dieser Kette müssen auch Wissen und Informationen verteilt werden. Durch die Informationsintegration erfolgt eine gemeinsame Planung der verbundenen Unternehmen einfacher, denn die Warenbestände und Produktionsdaten sind für die Partner sichtbar. Dies wird unterstützt durch die Verwendung von electronic commerce tools, wie zum Beispiel EDI. Die Autoren unterscheiden vier Integrationsdimensionen:

1. den Informations- und Wissensaustausch betreffend Design und Entwicklung, Prozessmanagement und Planung und Kontrolle,

2. die gemeinsame Entscheidungsfindung,

3. der technologische Austausch und Adaption und

4. Ressourcen- und Risikoverteilung.

Die organisationale Integration ermöglicht eine einfache Zusammenarbeit von Partnern der Supply Chain. In einer integrierten Supply Chain ist Zusammenarbeit und Entscheidungsdelegation möglich. Ohne die organisatorische Integration kann die Integration der Supply Chain Partner scheitern. Die Autoren unterscheiden vier Schlüsseldimensionen der Integation:

1. die Risiko-, Kosten- und Gewinnverteilung

2. die Teilung von Ideen und institutioneller Kultur,

3. gemeinsame Entscheidungsfindung und

4. die Teilung der Qualifikationen.

---

[37]Die Ausführungen der folgenden Absätze sind Skjott-Larsen, Bagchi /Supply Chain Networks/ entnommen worden.

[38]Handfield, Nichols /Introduction to SCM/ zitiert nach Skjott-Larsen, Bagchi /Supply Chain Networks/ 9

Ausgehend von einer Fallstudie wird der Integrationsgrad in drei Stufen eingeteilt, nämlich niedrig, mittel und hoch. Diese Stufen werden dann anhand verschiedener Eigenschaften, wie zum Beispiel der Verwendung von Kommunikationssystemen und Vendor Managed Inventory charakterisiert. Dabei wird auch noch einmal unterschieden in Integration durch Verwendung von Informationstechnologie und organisationaler Integration.

2.12 Computer-Aided Acquisition and Logistic Support (CALS)

CALS steht für „die informationstechnische Verknüpfung aller Aufgabenprozesse von der Angebots- und Auftragsbearbeitung [...] bis hin zur Qualitätssicherung" [39] und steht somit für die Integration von Informationssystemen, der Ausgestaltung der unternemensinternen und unternehmensübergreifenden Prozesse von Unternehmen und der Unterstützung der Prozesse durch die Informationstechnologie. Es dient dem Aufbau von zeitlich befristeten unternehmensübergreifenden Kooperationen zwischen Unternehmen. CALS hilft Unternehmen ihre Ablauforganisation und ihre Informationstechnologie anzupassen. Die Ziele von CALS sind darin zu sehen, die Produktqualität zu erhöhen, die Produktionskosten zu senken und die Produktanlaufzeit zu reduzieren. CALS dient der Erhaltung der Wettbewerbsfähigkeit. [40]

Bei der Integration mit Hilfe von CALS erfolgt die erste Phase durch die Weitergabe von Dokumenten und Daten über Standardaustauschformate, wie zum Beispiel EDIFACT (Electronic Data Interchange for Administration Commerce and Transport) oder SGML (Standard Generalized Markup Language). [41] In der zweiten Phase erfolgt die Einführung einer Prozess- und Produktdatenbank. Der Integrationsgegenstand dieses Ansatzes sind die Daten, diese werden über Standards und Normen unternehmensübergreifend integriert.

CALS bietet den Unternehmen Lösungen für die Organisation von Entwicklung, Fertigung und Betriebsablauf, aber auch Vorschläge für die Nutzung von Informationstechnologie. Die Vorteile von CALS liegen in der Reduktion der doppelten Datenhaltung, in der Vermeidung von unnötiger doppelter Datenerfassung und in der Beschleunigung des Integrationsprozesses.

---

[39]Schinzer /CALS/ 205
[40]Hoffmann /CALS/ 101
[41]Die Ausführungen des folgenden Absatzes sind Schinzer /CALS/ entnommen worden.

2.13 Integration Engineering nach Rautenstrauch

Integration wird hier definiert als „die Herstellung oder Wiederherstellung eines Ganzen durch Vereinigung oder Verbindung logisch zusammengehöriger Teile" [42]. Unterschieden werden vertikale, horizontale und diagonale Integration. Bei der horizontalen Integration werden verschiedene Anwendungssysteme eines Datenverarbeitungskomplexes zu einem Anwendungssystem vereinigt. Bei der vertikalen Integration kommen diese Anwendungssysteme aus verschiedenen Datenverareitungskomplexen. Die diagonale Integration ist die Kombination aus horizontaler und vertikaler Integration. [43]

Unter Integration Engineering versteht Rautenstrauch „die Erweiterung der Software Engineerings um Methoden, Verfahren und Werkzeuge zur Erstellung von Software, die den betrieblichen Integrationsanforderungen gerecht werden" [44].

Dieser Ansatz unterscheidet zwischen Aufgaben- und Funktionsintegration und Datenintegration. Bei der Aufgabenintegration lassen sich die horizontale und die vertikale Integration, welche sich zusammensetzt aus Aufwärts- und Abwärtsintegration, unterscheiden.[45] Bei der Aufwärtsintegration werden Arbeiten mit herausfordernden Aufgaben erweitert. Dagegen werden bei der Abwärtsintegation weniger anspruchsvolle Aufgaben an anspruchsvolle Aufgaben gebunden. Aus der Aufgabenintegration ergeben sich dann die Vorgaben für die Funktionsintegration.

Die Datenintegration soll verhindern, dass Daten in verschiedenen Systemen redundant vorhanden sind. Erst durch die Integration der Daten ist auch eine Integration der Funktionen möglich. Auch die Datenintegration kann unterteilt werden in horizontale Integration, mit Daten von Anwendungssystemen der gleichen aufbauorganisatorischen Ebene, und vertikale Integration, mit Daten von Anwendungssystemen von unterschiedlichen aufbauorganisatorischen Ebenen. Bei der vertikalen Ebene werden die Daten meist verdichtet, bevor sie auf höhere Ebenen weitergegeben werden. Dieser Integrationsansatz ist auf den unternehmensinternen Bereich ausgelegt, ist aber durchaus auf den unternehmensübergreifenden Bereich übertragbar. Ein Integrationsgrad wurde bei diesem Ansatz nicht definiert und es lassen sich auch keine Abstufungen bei der Integration erkennen.

---

[42]Heinrich, Roithmayr /WI-Lexikon/ zitiert nach Rautenstrauch /Integration Engineering/ 24
[43]Heinrich, Burgholzer /Systemplanung/ zitiert nach Rautenstrauch /Integration Engineering/
[44]Rautenstrauch /Integration Engineering/ 32
[45]Die Ausführungen der folgenden Absätze sind Rautenstrauch /Integration Engineering/ entnommen worden.

2.14 Database Integration nach Chiang, Lim und Storey

Hier wird ein Ansatz zur Integration von Datenbanken vorgestellt. Unter Datenbankintegration wird die Kombination aus „database reverse engineering and the integration of semantics, schemas, and instances" [46] verstanden.

Das Ziel dieses Ansatzes ist, ein Framework zu entwickeln, dass auch die semantische Perspektive berücksichtigt und das Identifizieren von Wissen fördert, welches die Integration von Datenbanken erleichtert. [47] Mit Hilfe des Frameworks soll es möglich sein lokale Datenbanken in Datawarehousesysteme und verteilte Datenbanken zu integrieren.

Die Autoren haben das Framework in fünf Ebenen eingeteilt, die sich jeweils mit speziellen Problemen und Aufgaben beschäftigen und spezielles Wissen erfordern, die für die Integration notwendig sind, und einen unterschiedlichen Abstraktionsgrad aufweisen. Für jede der fünf Ebenen wird ein Input benötigt und es wird ein Output erzeugt. Die erste Ebene beschäftigt sich mit der Semantik. Es geht darum, die Semantik zu verstehen und aufeinander abzustimmen. Das bedeutet zum Beispiel, dass gleiche Daten in unterschiedlichen Datenbanken gleich repräsentiert werden. Außerdem sollen die globalen Anforderungen bestimmt werden. Als Input sind die Anforderungen an die Daten und die lokale Semantik erforderlich. Als Ergebnis dieser Ebene soll eine einheitliches semantisches Schema entstehen.

Die zweite Ebene ist die konzeptionelle Ebene. Diese Ebene hängt eng mit der dritten Ebene, der logischen Ebene zusammen. Wenn das konzeptionelle Schema nicht existiert, muss, ausgehend von der logischen Ebene, das konzeptionelle Schema rückwärts entwickelt werden. Das Ziel der konzeptionellen Ebene ist, dass das konzeptionelle Schema vereinheitlicht wird. Um dieses Ziel zu erreichen werden als Input das lokale konzeptionelle Exportschema, die lokale Semantik und die globalen Anforderungen benötigt.

Das Ziel der logischen Ebene ist, dass das logische Schema entwickelt und vereinheitlicht wird. Der Input dieser Ebene ist das lokale Exportschema, das globale konzeptionelle Schema und die Zuordnung zwischen dem lokalen und dem globalen konzeptionellen Schema.

Die vierte Ebene ist die Ebene der Anfrageverarbeitung. Hier gibt es zwei Lösungsansätze, der erste ist die verteilte Datenbank und der zweite das Datawarehouse. Das Ziel

---

[46] Chiang, Lim, Storey /Databas Integration/ 48
[47] Die Ausführungen der folgenden Absätze sind Chiang, Lim, Storey /Databas Integration/ entnommen worden.

dieser Ebene ist es, globale Anfragen an die Datenbank zu ermöglichen. Für diese Ebene werden als Input das globale logische Schema, das lokale Implementationsschema und die globalen Anfragen benötigt. Die fünfte Ebene ist die Instanzebene. Hier werden die Endanwendungen integriert. Hierfür werden lokalen Anfrageergebnisse und die extrahierten lokalen Daten benötigt.

Dieser Ansatz ist sowohl unternehmensintern als auch unternehmensübergreifenden einsetzbar.

2.15 Integration von Informationssystemen nach Magoulas und Pessi

Um die Informationsssysteme integrieren zu können, müssen Änderungen an ihnen vorgenommen werden.[48] Diese Änderungen werden in drei Kategorien eingeteilt. Die erste Kategorie von Änderungen bezieht sich nur auf einzelne Teile der Informationsssysteme, die zweite Kategorie bezieht sich auf Änderungen von Systemteilen und deren Interaktion und die dritte Kategorie befasst sich mit Änderungen zwischen dem System und seiner Umwelt.

Um die Integration zu erklären, verwenden die Autoren das ISO Modell. Dieses Modell besteht aus einem Informationsverarbeiter (information processor) und einem konzeptionellen Modell. Der information processor besteht aus Hard- und Software. Die Aufgabe des information processor ist der Transfer von Nachrichten zwischen Informationssystem und der Datenbasis. Das konzeptionelle Modell besteht aus der Konzeptionsbasis, der Informationsbasis und die Regelungsebene.

Magoulas und Pessi unterscheiden beim Integrationsgrad vier Gruppen. Die erste Gruppe sind die unified Systems. Hier ist der Integrationsgrad am höchsten. Die Informationssysteme sind hier physikalisch und konzeptionell ein Spiegelbild des anderen. Eine Änderung in einem verursacht auch eine Änderung in dem verbundenen Informationssystem. Die zweite Gruppe sind die intersected systems. Hier haben die verbundenen Informationssysteme Gemeinsamkeiten und Unterschiede. Bei den interlinking systems haben die Informatonssysteme ein eigenes konzeptionelles Modell, aber sie tauschen untereinander Informationen aus. Die Gruppe mit dem niedrigsten Integrationsgrad sind die independent systems. Diese Informationssysteme arbeiten auf keiner Ebene miteinander automatisiert zusammen, das heißt es findet kein Datenaustausch statt.

---

[48]Magoulas, Pessi /IT-Management/ zitiert nach Johansson, Kjeller /Integration/

3 Übertragung der Integrationsansätze auf elektronische Business-to-Business Marktplätze

3.1 Elektronischen B2B Märkte

Bei einem elektronischen B2B Markt erfolgen sämtliche Phasen des Transaktionsprozesses mit Hilfe der Informationsverarbeitung. Einige Autoren beschränken diese Bedingung darauf, dass mindestens eine Phase unterstützt wird.[49] Diese Phasen sind:

- die Informationsphase,

- die Angebotsphase,

- die Vereinbarungsphase und

- die Durchführungsphase.

Durch elektronische Märkte wird ermöglicht, dass die Suchkosten für den Nachfrager sinken. Dabei wird gleichzeitig die Transparenz des Marktes und der angebotenen Produkte und Dienstleistungen erhöht.

Die Hauptanforderung an elektronische Märkte ist, dass „eine nach allen Seiten (Anbieter und Nachfrager) integrationsfähige Infrastruktur" bereitgestellt wird. [50] Bei elektronischen Märkten befinden sich meist sowohl auf der Anbieter- als auch auf der Nachfragerseite mehrere Teilnehmer. Das bedeutet aber auch, dass jederzeit auch neue Teilnehmer in den elektronischen Markt mit seinen Anwendungssystemen integriert werden können. Weiterhin muss es möglich sein, dass die Geschäftsprozesse verändert werden können.

Elektronische Märkte stellen Anforderungen an die integrierten Anwendungssysteme. Es ist zum Beispiel notwendig, dass Daten über definierte Schnittstellen und in standardisierten Formaten ausgetauscht werden können beziehungsweise das ein gemeinsamer Datenbestand genutzt wird. Außerdem muss der Datenaustausch in einer vorgegebenen Geschwindigkeit, im Extremfall sogar in Echtzeit, gewährleistet werden können. Eine weitere Anforderung ist, dass jederzeit weitere Anwendungen integriert werden können.

---

[49]Bauer /Auswirkungen der IT/ 180
[50]Schinzer /Elektronischer Markt/ 175

Es reicht auch nicht, dass nur die Daten integriert werden, in den meisten Fällen müssen die Geschäftsprozesse der beteiligten Unternehmen angepasst werden.

3.2 Eignung der Integrationsansätze für elektronische B2B Märkte

Für die Übertragung auf elektronische B2B Marktplätze sind nur Ansätze geeignet, die auch auf den unternehmensübergreifenden Einsatz anwendbar sind. Einige Autoren, wie zum Beispiel Schumann, schließen elektronische Märkte explizit aus ihren Betrachtungen aus. [51] Trotzdem lässt sich der Integrationsansatz von Schumann übertragen. In der vierten Stufe der Integration werden bei Schumann Prozesse automatisiert. Das beinhaltet sowohl die Datenübertragung beziehungsweise den gemeinsamen Datenbestand als auch die angepasste Ablauforganisation. Es können alle Phasen des Transaktionsprozesses unterstützt werden.
In den folgenden Absätzen werden nun ausgewählte Ansätze auf ihre Eignung für elektronische B2B Marktplätze überprüft.

3.2.1 Enterprise Application Integration von Winkler, Raupach und Westphal

Der Enterprise Application Integration Ansatz von Winkler, Raupach und Westphal in Kapitel 2.5 lässt sich auch auf die Anwendung bei elektronischen B2B Märkten übertragen. Sie bezeichnen EAI sogar als „E-Business Enabling Technologie" [52]. Unter dem Begriff Electronic Business (E-Business) wird „die Anwendung modernen Internet- und Kommunikationstechnologien für unternehmensinterne und -übergreifende, zwischenbetriebliche Prozesse verstanden" [53]. Eine Art des E-Business ist Electronic Commerce. Dies wiederum wird verstanden als „umfassende, digitale Abwicklung von Geschäftsprozessen zwischen Unternehmen und deren Kunden" [54]. Eine Anwendung von Electronic Commerce sind die elektronischen Märkte. Für jeden der Wege der Integration (Point-to-Point, ERP) wird untersucht, ob sie den Anforderungen des E-Business gerecht werden. Die Point-to-Point Verbindung ist für E-Business nicht geeignet, da eine Verzögerung

[51] Schumann /Nutzeffekte/ 309
[52] Winkeler, Raupach, Westphal /EAI/ 8
[53] Zeller /Electronic Business/ 167
[54] Schinzer /Electronic Commerce/ 169

bei der Datenübertragung gegeben ist und ein hoher Aufwand für die Integration neuer Anwendungen betrieben werden muss. Bei der ERP-basierten Integration von Anwendungssystemen sind diese nur für das E-Business geeignet, wenn kein direkter Datenaustausch zwischen den Anwendungssystemen benötigt wird. [55] Der Middleware-orientierte Integrationsansatz bietet Integration nur auf der Datenebene.

Als Lösung wird von den Autoren Enterprise Application Integration genannt.[56] Dies erfüllt die Anforderungen an E-Business. Die Anforderungen sind integrierte Prozesse, die Datenintegration in Real Time, 24-Stunden-Verfügbarkeit der Anwendungssysteme und die Möglichkeit der Integration weiterer Anwendungssysteme.

3.2.2 Integration der Interorganisationssysteme nach Rainer Alt und Ivo Cathomen

Die Autoren zeigen in ihrer dreistufigen Einteilung der Integrationstiefe als Anwendung der dritten Stufe, der Integration auf der Prozessebene, die elektronischen auf. Bei den anderen beiden Integrationsstufen ist die Anwendung bei Elektronischen Märkten nicht möglich, da es nicht reicht, nur die Daten zu integrieren oder die Ablauforganisation zu verändern. Die IT-Unterstützung der Handelsphasen führt zu Automatisierungen. [57] Die Einführung von Elektronischen Märkten kann, durch das Automatisieren der Prozesse, zu Kostensenkungen führen und damit entstehen Wettbewerbsvorteile.

3.2.3 Integration nach Siegfried Bauer

Wie schon in Kapitel 2.8 genannt, sieht Bauer elektronische Märkte als eine Art von Interorganisationssysteme. Durch die Informationssysteme wird mindestens eine der Phasen der Transaktion unterstützt.

---

[55] Winkeler, Raupach, Westphal /EAI/ 8
[56] Vgl. zu folgendem Abschnitt Winkeler, Raupach, Westphal /EAI/ 9
[57] Vgl. zu folgendem Abschnitt Alt, Cathomen /IOS/

4 Wertung und Stellungnahme

Die Untersuchungen zur Integration von Anwendungssystemen sind seit längerer Zeit in der Wissenschaft vorhanden. Jedoch lag gerade am Anfang der Fokus auf der unternehmensinternen Integration. Diese Betrachtungen mussten allerdings durch die Entwicklung zu engen Kooperationen, enger Zusammenarbeit und Vernetzung zwischen den Unternehmen erweitert werden.

In der Literatur sind verschiedene Integrationsansätze zu finden, die sich entweder komplett auf den unternehmensübergreifenden Einsatz konzentrieren oder sowohl unternehmensintern als auch unternehmensübergreifend anwendbar sind.

Manche Autoren sehen in der Integration lediglich den Austausch von Daten. Die in dieser Arbeit aufgeführten Ansätze gehen über diese Sicht hinaus. Die Integration von Anwendungssystemen erfordert zum Teil starke Eingriffe in die Implementierung der Anwendungssysteme aber auch Veränderungen in der Organisation der Unternehmen.

Ein Teil der in dieser Arbeit aufgeführten Autoren definieren in ihren Ausführungen einen Integrationsgrad. Schumann [58] wählt zum Beispiel eine vierstufige Einteilung. Diese Einteilung geht von reinem Datenaustausch bis hin zur Automatisierung der unternehmensübergreifenden Prozesse. Ruh, Marginnis und Brown [59] gehen einen anderen Weg zur Bestimmung des Integrationsgrades. Hier wird zur Bestimmung die Kopplung benutzt, wobei lose und feste Kopplung existieren. Bei einigen Autoren erfolgt die Definition des Integrationsgrades nicht eindeutig. Winkler, Raupach und Westphal [60] bestimmen den Integrationsgrad durch die Integrationstiefe. Hier wird nicht explizit erklärt, wie der Integrationsgrad zu bestimmen ist. Thoma [61] benutzt zur Abgrenzung der vier Stufen des Integrationsgrades die Konsistenz der Daten. Skjott-Larsen und Bagchi [62] teilen den Integrationsgrad in niedrig, mittel und hoch ein. Bei dieser Einteilung werden für jede Stufe konkrete Merkmale zur Bestimmung vorgegeben.

Diese Arbeit hat natürlich nur einen Teil der in der Literatur vorhandenen Ansätze aufgezeigt. In dieser Arbeit wurden die ausgewählten Integrationsansätze einzeln beschrieben. Um die Ansätze untereinander besser vergleichen zu können, müssten einheitliche Kriterien entwickelt werden. Anhand dieser wäre dann ein Vergleich möglich.

---

[58]Schumann /Nutzeffekte/
[59]Ruh, Maggins, Brown /EAI/
[60]Winkeler, Raupach, Westphal /EAI/
[61]Thoma /Integration/
[62]Skjott-Larsen, Bagchi /Supply Chain Networks/

Die aufgeführten Ansätze haben gezeigt, dass unter den Autoren kein einheitliches Verständnis von dem Begriff Integration besteht. Des weiteren ist in den Ansätzen, wenn überhaupt vorhanden, die Bestimmung des Integrationsgrades sehr unterschiedlich angegangen worden. Es geht von expliziten Definitionen bis hin zu sehr allgemein gehaltenen Definitionen. Die Definitionen reichen vom Grad der Leistungsfähigkeit der integrierten Systeme bis zum Grad der Kopplung der integrierten Systeme. Hier sollte in Zukunft ein einheitliche Definition und eine einheitliche Art der Bestimmung erarbeitet werden.

5 Literaturverzeichnis

Alt, Cathomen /IOS/
Rainer Alt, Ivo Cathomen: Handbuch Interorganisationssysteme. Braunschweig 1995.

Bauer /Auswirkungen der IT/
Siegfried Bauer: Auswirkungen der Informationstechnologie auf die vertikale Integration von Unternehmen. Frankfurt (Oder) 1997.

Chiang, Lim, Storey /Databas Integration/
Roger L. H. Chiang, Ee-Peng Lim, Veda C. Storey: A Framework for Acquiring Domain Semantics and Knowledge for Database Integration. In: The Data Base for Advances in Information Systems, Vol. 31 Nr. 2 2000, S. 46 - 64.

Grant, Tu /Levels of Enterprise Integration/
Delvin Grant, Qiang Tu: Levels of Enterprise Integration: Study Using Case Analysis. In: International Journal of Enterprise Information Systems. Nr. 1, 2005, S. 1-22.

Handfield, Nichols /Introduction to SCM/
R. B. Handfield, E. L. Nichols, Jr.: Introduction to Supply Chain Management. New Jersey 1999.

Heinrich, Burgholzer /Systemplanung/
J. L. Heinrich, P. Burgholzer: Systemplanung II. 4. Auflage, München - Wien 1990.

Heinrich, Roithmayr /WI-Lexikon/
L. Heinrich, F. Roithmayr: Wirtschaftsinformatik-Lexikon. 4. Auflage, München - Wien 1992.

Hoffman /CALS/
Hans E. W. Hoffmann: CALS - Eine Zukunftsperspektive für die deutsche Industrie. In: m & c Management & Computer. Heft 2 3. jahrgang 1995, S. 101 - 105.

Johansson, Kjeller /Integration/
David Johansson Camilla Kjeller: Integration of Inter-Organisational Information Systems in the Business of Logistics - a case study at Volvo Parts June 2001.

Krcmar /IOS/
Helmut Krcmar: Interorganisationales Informationssystem. In: Peter Mertens (Hrsg.): Lexikon der Wirtschaftsinformatik. 4. Auflage 2001, S 249-250.

Magoulas, Pessi /IT-Management/
T. Magoulas, K. Pessi: Strategisk IT-management. 1998, Göteborg.

Mertens /Integrierte Informationsverarbeitung/
Peter Mertens: Integrierte Informationsverarbeitung. In: Peter Mertens (Hrsg.): Lexikon der Wirtschaftsinformatik. 4. Auflage 2001, S 244-245.

Mertens /Operative Systeme/
Peter Mertens: Integrierte Informationsveratbeitung 1 - Operative Systeme in der Industrie. 14. Auflage, Wiesbaden 2004.

Meyer /CRM-Systeme/
Matthias Meyer: Implementierung von CRM-Systemen Integrationsebenen und -technologie. In: Hippner, H.; Wilde, K. D. (Hrsg.): IT-Systeme im CRM Aufbau und Potenziale. Gabler, Wiesbaden 2004, S. 121-148.

Ließmann /EAI/ 180
Harald Ließmann /Enterprise Application Integration (EAI).In: Peter Mertens (Hrsg.): Lexikon der Wirtschaftsinformatik. 4. Auflage 2001, S 180-181.

Rautenstrauch /Integration Engineering/
Claus Rautenstrauch: Integration Engineering: Konzeption, Entwicklung und Einsatz integrierter Softwaresysteme. Bonn u. a. 1993.

Riempp /WMS/
Gerold Riempp: Integrierte Wissensmanagement-Systeme. Berlin 2004.

Ruh, Maggins, Brown /EAI/
William A. Ruh, Francis X. Maginns, William J. Brown: Enterprise Application Integration: a Wiley tech brief. New York u. a. 2001.

Schinzer /Electronic Commerce/
Heiko D. Schinzer: Electronic Commerce. In: Peter Mertens (Hrsg.): Lexikon der Wirtschaftsinformatik. 4. Auflage 2001, S 169 - 170.

Schinzer /Elektronischer Markt/
Heiko D. Schinzer: Elektronischer Markt. In: Peter Mertens (Hrsg.): Lexikon der Wirtschaftsinformatik. 4. Auflage 2001, S 175-176.

Schinzer /CALS/
Heiko D. Schinzer: CALS - ein Konzept für den überbetrieblichen Datenaustausch. In: WiSt Wissenschaftliches Studium. Heft 4 1996, S. 205 - 208.

Schott, Mäurer /Auswirkungen von EAI/
Karsten Schott, Rolf Mäurer: Auswirkungen von EAI auf die IT-Architektur in Unternehmen. In: Information Management Consulting, Nr. 1, S. 39-43.

Schumann /Nutzeffekte/
Matthias Schumann: Abschätzung von Nutzeffekten zwischenbetrieblicher Informationsverarbeitung. In: Wirtschaftsinformatik. Heft 4, 1990, S. 307 319

Schumann /Informationsverarbeitung/
Matthias Schumann: Betriebliche Nutzeneffekte und Strategiebeiträge der großintegrierten Informationsverarbeitung. In: Betriebs- und Wirtschaftinformatik: H. R. Hansen, H. Krallmann, P. Mertens, A.-W. Scheer, D. Seibt, P. Stahlknecht, H. Strunz, R. Thome (Hrsg.), Berlin et al. 1992, S. 6-52.

38

Skjott-Larsen, Bagchi /Supply Chain Networks/
Tage Skjott-Larsen, Prabir Bagchi: Challenges of Integration in Supply Chain Networks:
An European Case Study. ACES Working Paper 2002.1, August 2002,
http://www.american.edu/aces/Working%20Papers/2002.1.pdf, Abruf: 2004-10-10.

Soeffke /Middleware/
Manfred Soeffke: Middleware. In: Peter Mertens (Hrsg.): Lexikon der Wirtschaftsinformatik. 4. Auflage 2001, S 303 - 306.

Stahlknecht, Hasenkamp /Einführung/
Peter Stahlknecht, Ulrich Hasenkamp: Einführung in die Wirtschaftsinformatik. 10. Auflage, Berlin u. a. 2002.

Thoma /Integration/
Helmut Thoma: Integration von Applikationen und Datenbanken mit Hilfe einer Appli-
kationsarchitektur. In: Müller-Ettrich, G. (Hrsg.): Fachliche Modellierung von Informationssystemen: Methoden, Vorgehen, Werkzeuge. Bonn 1993, S. 217 - 260

Truman /Electronic Exchange/
Gregory E. Truman: Integration in Electronic Exchange Environment. In: Journal of
Management Information Systems, 17(1), S. 209 - 244.

Winkeler, Raupach, Westphal /EAI/
Thomas Winkler, Ernst Raupach, Lothar Westphal: Enterprise Application Integration
als Pflicht vor der Business-Kür. In: Information Management & Consulting, Nr. 1, S.
7-16.

Zeller /Electronic Business/
Thomas Zeller: Electronic Business. In: Peter Mertens (Hrsg.): Lexikon der Wirtschaftsinformatik. 4. Auflage 2001, S 167 - 168.

www.ingramcontent.com/pod-product-compliance
Lightning Source LLC
La Vergne TN
LVHW092345060326
832902LV00008B/807